AF268292

TRÉSOR

DE

LA LANGUE GRECQUE

DE HENRI ESTIENNE,

DANS LEQUEL

LE TEXTE DE L'AUTEUR EST CONSERVÉ INTÉGRALEMENT,

RANGÉ PAR ORDRE ALPHABÉTIQUE, ET AUGMENTÉ

DES TRAVAUX DE L'ÉDITION ANGLAISE ET DES NOUVEAUX ÉDITEURS;

PUBLIÉ PAR M. HASE,

MEMBRE DE L'INSTITUT ROYAL DE FRANCE (ACADÉMIE DES INSCRIPTIONS ET BELLES-LETTRES), PROFESSEUR A
L'ÉCOLE SPÉCIALE DES LANGUES ORIENTALES VIVANTES, CONSERVATEUR-ADJOINT A LA BIBLIOTHÈQUE DU ROI, ETC.,

ET PAR MM. DE SINNER ET FIX;

D'APRÈS

LE PLAN SOUMIS A L'ACADÉMIE DES INSCRIPTIONS

LE 29 MAI 1829,

ET APPROUVÉ PAR SA COMMISSION.

<hr>

PARIS,

TYPOGRAPHIE DE AMBROISE FIRMIN DIDOT,

IMPRIMEUR DU ROI ET DE L'INSTITUT DE FRANCE.

LIBRAIRIE DE FIRMIN DIDOT FRÈRES,

RUE JACOB, N° 24.

M DCCC XXX.

Monsieur,

Dès qu'on eut annoncé à Londres, il y a quelques années, la réimpression du Trésor de la Langue Grecque de HENRI ESTIENNE, cet étonnant chef-d'œuvre de l'érudition française, plus de mille souscriptions particulières vinrent encourager l'éditeur dans cette importante publication. Toutes les personnes qui étaient placées à la tête de la nation par leur fortune ou leur instruction s'empressèrent d'inscrire leurs noms sur cette liste honorable. C'est par ce concours généreux qu'en Angleterre on exécute d'aussi grandes publications qui jusqu'à ce jour n'ont pu être entreprises en France que par le Gouvernement.

L'édition anglaise, malgré toutes les augmentations qui l'ont enrichie, n'a point répondu à l'attente générale; elle a été l'objet de critiques sévères, mais justement méritées des savants de tous les pays : sans ordre, sans ensemble, c'est un amas souvent confus de notes et de dissertations où se trouve enfoui le travail si lucide et si profond de HENRI ESTIENNE. Le Prospectus ci-joint entre dans plus de détails sur l'édition anglaise et sur la marche que nous avons adoptée.

Tout ce que l'édition anglaise renferme de véritablement utile sera mis à profit par nous, et l'on peut être assuré du soin religieux que les nouveaux éditeurs apporteront pour rendre l'édition française digne du grand nom de HENRI ESTIENNE. Les travaux importants de M. Hase, qui a bien voulu se charger d'en être l'éditeur, et les matériaux que les savants, qui font l'honneur de la France et de l'étranger, ont mis à notre disposition, accroîtront encore le Trésor de HENRI ESTIENNE de nouvelles richesses, et le placeront même en avant de la science philologique.

L'édition de Londres, maintenant épuisée, coûtait plus de 1,200 fr. La nôtre, malgré tous les avantages détaillés dans le Prospectus, ne coûtera que 336 fr.

La publication durera cinq années; c'est donc seulement une somme de 67 fr. à consacrer pendant cinq ans pour posséder le meilleur dictionnaire de la langue grecque, en 6 vol. in-folio, et pour avoir concouru à la publication, dans son propre pays, de ce chef-d'œuvre du plus grand helléniste, qui fut le plus célèbre imprimeur de la France.

Nous avons l'espoir, Monsieur, que vous voudrez bien nous autoriser à inscrire votre nom parmi les souscripteurs; et nous vous prions même, afin de concourir encore plus à la reproduction de ce grand ouvrage, de demander à vos amis d'inscrire leur nom à côté du vôtre. La liste de ces noms honorables sera publiée à la fin de l'ouvrage, et on imprimera sur le titre de l'exemplaire de chaque souscripteur son nom et ses qualités, s'il en témoigne le desir.

Quel que soit le succès de l'appel fait à tous ceux qui s'intéressent à la littérature ancienne, nous n'en sommes pas moins décidés à publier à nos frais l'ouvrage en entier, et toutes nos mesures sont prises à cet égard.

Nous avons l'honneur d'être, Monsieur,

Vos très-humbles serviteurs,

Firmin Didot Frères.

Nota. Nous avons cru devoir retarder la publication de la première livraison jusqu'au 1er juin prochain, afin de donner encore plus de prix à notre édition, en y ajoutant les divers travaux que nous recevons, et que nous attendons encore de divers savants de la France et de l'étranger.

DE RATIONE ET LEGIBUS,

SECUNDUM QUAS

RES PROSODICA

IN NOVA THESAURI LINGUÆ GRÆCÆ EDITIONE,

QUÆ PARISIIS PRODITURA EST,

TRACTANDA NOBIS ESSE VIDETUR.

CUR REM PROSODICAM OMNINO ADJUNGENDAM DUXIMUS.

Tres maxime rationes nos permoverunt, ut editioni litterarum ordine digestæ Thesauri linguæ græcæ, quæ Parisiis in lucem proditura est, novam partem de mensura syllabarum cujusque vocabuli insereremus.

a. Quæ res cum omnino in lexico græco docenda sit et legitimam sedem habeat, sic ad integritatem Thesauri nobilissimi, nupera Anglorum industria locupletati, ægre desiderata est (1). Nam quo in loco de cujusque vocabuli significatione, formis, etymologia et constructione agitur, eó mensuram quoque et temporis articulos, quibus in oratione vel carmine pronuntiatum fuerit, indicandos esse ratio evincit. Unde cum alia commoda redundant, tum etiam, quod censor Britannus bene sensit, quæstiones sive grammaticæ, sive criticæ multo certius instituuntur, quo magis, ut ita dicam, vox ex omni parte ratione animoque lustrari potest. Quæ res cur ab Henrico Stephano sit neglecta, nemo mirabitur, si reputaverit, quam pauca illis temporibus exstiterint monumenta poetarum integra et incorrupta, unde argumenta huic materiæ peti potuissent : quam incultum jacuerit metrorum antiquorum studium : quantis denique gravioribus operibus occupatus fuerit vir doctrina et ingenio præstantissimus. Stephani vestigiis ingressi sunt Angli. Quibus cum sat laboris exantlandum esset vel in explendo vocabulorum numero, vel in augendis significationibus et constructionibus, dubiaque et ambigua ponderando, hanc novam provinciam aliis reliquerunt (2).

b. Altera causa hæc est, ut quæ in hoc genere virorum doctorum diligentia vere eruta atque explorata passim sunt disseminata, uno in loco congesta disponantur. Nam postquam God. Hermannus eruditis hominibus facem prætulit ad rem metricam accuratius cognoscendam, tanto studio ei incubuerunt nostra ætate, ut intra paucos annos hoc in genere plus præstitum sit, quam antea longo temporis intervallo. Hinc etiam rei prosodicæ lux et salus exorta est, quam tum alii promoverunt, tum maxime inter Germanos Jacobsius, Meinekius et Spitznerus.

c. Illud denique haud minoris momenti argumentum accedit, quod nostrum propositum confirmat. Etenim cum omnino via ad metra, quibus græci poetæ usi sunt, addiscenda asperior fuerit et a paucis calcata, tum maxime in Gallia, fatali quodam casu a recentioribus plane derelictam esse et studii utilissimæ rei nullam rationem haberi videmus : quo factum est, ut etiam ad rem prosodicam bene intelligendam omnis aditus præclusus sit. Igitur quo minorem curam populares huic litterarum parti impenderunt, eo magis exemplo et opera nostra debitum

(1) Cf. Censorem anglicum in Quarterly Review. Tom. XXII. n° 44, et germanicum in ephemeridd. Ienenss. anni 1822. n° 223 sqq.

(2) Promiserant quidem, se in Indice mensuram indicaturos esse : sed non solverunt promissa; cf. monitum de consilio et ratione instituendæ novæ editionis, annexum fasc. IX ed. Angl.

favorem ei conciliare optamus, ut, quæ hodie tanquam beneficio quodam accepta paucorum scientia est, communi utilitati per omnes diffundatur. Et tripartitam quidem hanc disputationem exhibere nobis visum.

I. De necessitate studii rei prosodicæ, et fructu ex ejus cognitione percipiendo.

Pauca de hac re præfari non eo fine institutum est, ut prosodiæ studium nimis fere neglectum aut novis argumentis commendemus, aut a quorundam hominum leviorum imperita criminatione vindicemus; sed eam in partem hoc intelligi volumus, ut nexum et cohærentiam, quæ inter lexica græca et prosodiam intercedunt, explicemus et illustribus quibusdam exemplis comprobemus : ne vel temere, vel præter necessitatem opus, quod ad immensum jam excrevit volumen, novo additamento augere voluisse videamur. Qua re supersedere licuisset, si vel Henrici Stephani, vel novissimorum editorum exemplum et vestigia nobis sequenda fuissent : sed in re nova et rationes novandi exponere utile est. Igitur, ut statim rem aggrediamur, quam late pateat et cum quavis fere philologiæ parte conjunctionem ineat res prosodica, strictim persequamur.

a. Et primum quidem inter omnes satis constat, cum apud Græcos antiquos tota ars versuum condendorum syllabarum mensura nitatur, inquirenti in scriptis poetarum de metri genere primum itineris ducem esse prosodiam. Constat etiam in universum veram et rectam pronuntiandi rationem, quod ad temporis mensuram attinet, inde pendere (1). Sed interdum in poesi etiam alio modo monet de pronuntiatione quorundam vocabulorum duplici, de qua aut nulla aut paucissima alia exstant vestigia; illa dico, in quibus consonans vocali brevi subjuncta, ore quarundam gentium geminatur, v. c. in ὄφις-ꞈ, quod Æoles ὄπφις pronuntiaverunt; cf. Wolf. præf. ad Homer. Il. p. LXXI. Ejusdem generis est, quod legitur in carmine chorico apud Aristophanem φιλόσοφος ꞈꞈ-ꞈ penultima producta, cujus exempli patrocinium suscepit Reisig. de construct. antistr. p. 5. cf. Hermann. Doctr. Metr. p. 57. Passow. Lex. v. βρόχος, σκύφος, ὄφις, etc.

b. Ad lexicon et grammaticam multis modis pertinet:

α. Ad distinguenda diversa vocabula : v. c. ἀκρασία ꞈ-ꞈ- (κρᾶσις) et ἀκρασία ꞈꞈꞈ- (κράτος), ἰδάλιμος-ꞈꞈꞈ (ἴδος) et ἰδάλιμος ꞈꞈꞈꞈ (ἰδεῖν), Λάκων- -, nomen proprium, Λάκων ꞈ-, nomen gentile.

β. Ad distinguendas diversas ejusdem vocabuli significationes : sic σίδη utraque producta significat malum punicum, prima correpta, nymphæam albam. Βῶμαξ arula,

(1) Vetus grammaticus a Blomfieldio in præf. ad Æschyl. Sept. cont. Theb. citatus : οἱ παλαιοὶ ἄλλως ἐξεφώνουν τὸ μακρὸν καὶ ἄλλως τὸ βραχύ.

α natura breve habet, βώμαξ h. e. βωμολόχος longum, secundum Passowium e Dracone p. 18, φαλαρός ⏑-⏑ lucidus, φάλαρα ⏑⏑⏑ phaleræ; ἑανόν adjectivum apud Homerum longum habet α, substantivum vero breve; cf. Herm. ad Orph. Argon. v. 880.

γ. Ad determinandam veram rationem scribendi accentum. Sic e prosodia falsum esse evincitur, quem vulgo ponunt, accentum acutum in vocabulis ψῦχος, τρῦχος, χρῖμα, χειρῶναξ; cf. Reisig. l. c. p. 20; Schæfer. ad Greg. Cor. p. 566. Contrario errore circumflexus legitur in vocabulo ψῦθος. In omnibus fortasse lexicis πρῷρα secus acutum habet. Mutavit Herm. ad Soph. Philoct. v. 480. Ehnsleyus demum correxit, quod omnes conservaverant ἰσχύον in Œd. R. v. 356. Ante Brunckium in eadem fabula v. 161, contra metrum legebatur εὐκλεᾶ pro εὐκλέα. Inveteratum sedebat accentus vitium in vocabulo σφῦρα, de quo vid. Passow. Lex. h. v.

δ. Viam monstrat ad meliorem scribendi rationem. Ut e multis pauca afferam, ab ignaro prosodiæ, qualis apud Epicos obtinet, male scriptum ferebatur τίννυμαι; cf. Spohn. ad Hesiod. Oper. v. 713, 806. Notissima est regula in carmine heroico de plurimis verbis puris, e qua in futuro et aoristo, si longa syllaba requiritur, præcedente brevi vocali, littera σ geminatur, quod non fit ubi natura est longa. Sæpe etiam hac in re peccatum. Sic a versus sede pendet, prout longa aut brevis syllaba postulatur, utrum ἀμπλακεῖν aut ἀπλακεῖν scribendum sit. Ubi τόπαν ⏑ et τὸ πᾶν ⏑ - rectius exaretur, docuit Bœckh. præf. ad Pindarum. Formæ poeticæ δίδυμνος, νώνυμνος, ἀπάλαμνος ubique restituendæ, ubi penultima longa est.

ε. Sæpe etiam formæ grammaticæ, quæ aliter facile confundi possent, eo distinguuntur; unde, si per loci rationem sensus ambiguus esset, e prosodia discrimen peti posset: sic λέλυτο (al. λελῦτο) ⏑-⏑ est optativus, λέλυτο ⏑⏑⏑ indicativus; τεταχώς cum brevi α a verbo τείνω derivandum; τεταχώς cum α longo, quod apud Sophoclem occurrit, a τήκω; ἐπασάμην ⏑-⏑ a radice ΠΑΟΜΑΙ, ἐπασάμην ⏑⏑⏑ a verbo πατίομαι deducendum, quæ nihilominus a viris doctis confusa sunt; v. Bekker. ad Theogn. v. 663. In Aristoph. Nub. v. 33 legitur ἐξήλικα quod Morell. Thes. prosod. h. v. ab ἐξελίσσω derivat, grammatici vero ab ἐξαλίζω, in eo falsi, quod non ad mensuram attenderent. Recte Passowius ducit ab ἐξαλίω, obsoleta forma.

ζ. Sæpe etiam mensura in grammatica docet, quas in formas vocabula sint mutanda, ut in comparativis ἰσχυρότερος, ἐχυρώτερος, quidve hac in re sit novandum. Vulgo φανώτερος exaratum invenitur, de cujus generis vitio v. Schæfer. ad Schol. Apoll. Rhod. p. 213 sq. Sic quod libris nobis traditum est perfectum τέτρυμμαι, non recte duplici μ scribitur; cf. Brunck. ad Apollon. Rhod. I. 1174; hinc lexicis certo restitui potest μελαμπηγής, quod apud Æschylum duobus in locis, Agam. 392. Sept. contra Theb. 743 dorice scriptum μελαμπαγές ⏑-⏑⏑ exstat; ad cujus mensuram cum nemo attenderet animum, pro altera forma vulgari μελαμπαγής ⏑-⏑ habitum est. Eandem ob causam Herm. ad Soph. Œd. C. v. 1557 βαρυαχής auguratur duplicem habere radicem ἄχος et ἠχώ: ut inde βαρυαχής ⏑⏑⏑ in lexica inferendum sit. Probabiliter de forma κιγχάνω Porsonus et Gaisfordius conjecerunt; cf. Blomfield. ad Æsch. Sept. contra Theb. pag. 105.

η. Mutuum sibi præbent auxilium etymologia et prosodia ad verum dignoscendum: e mensura novimus v. c. nomina Νικήρατος --⏑⏑ et Δημάρατος -⏑-⏑ diversam habere radicem, quorum alterum cum ἐρατός compositum, alterum cum ἀρατός; cf. Buttm. Grammat. gr. ampl. t. I. p. 35. Lapsus est vir in omni græcarum litterarum subtilitate solers, Coray, in nova Thesauri editione, tom. VIII, p. 11042, de origine verbi ἀπατάω agens, cum ad ἄτη referret; item, qui ἀδολεσχής cum substantivo ᾦδος compositum esse putabat. Sed hic quoque caute est judicandum et quovis loco usus et analogia consulenda, quid statuerint contra regulam. Cum alii tum recentes editores Thes. Steph. peccaverunt hac in re, cum Schneiderum repre-

henderent, quod ἁβρός ab ἥβω derivaret, argumento e prosodia petito. Sed similis derivationis exempla Hermannus dedit in censura ejus libri, Opusc. t. II, p. 230.

θ. E prosodia cognoscitur, quibus dialectis similes verborum formæ assignandæ sint: sic ἄγαγον -⏑⏑ in choro tragico doricum est, ἄγαγον ⏑⏑⏑ omisso augmento atticum; λᾶξις, Doriensium, λάξις, Ionum; ἀνεμόεις ⏑⏑⏑-, atticum, ἀνεμόεις -⏑⏑-, doricum. Qua de causa, si quis historiam dialectorum scribere instituet, eum et rem metricam et rem prosodicam penitus cognitas habere necesse est. Tandem, ut nihil omittamus, quod ad nostrum propositum faciat, quomodo etiam cum genere nominum cohæreat prosodia, ostendit Passowius in tabulis prosodicis.

c. Majoris est momenti scientia rei prosodicæ in arte critica poetis adhibenda, cum inde sæpe judicium de lectione sive tuenda sive novanda repeti debeat. Certum enim est documentum, si quid in scriptura per libros tradita nimis religiose servatum, vel conjecturis prave tentatum est: nam et lectiones quæ manuscriptorum auctoritate nisæ constanti regulæ prosodicæ repugnant, corruptelæ suspicionem præ se ferunt, et virorum doctorum conjecta, quamvis ceteros probabilitatis numeros expleant, si hac ratione peccant, ultro concidunt. Quin interdum quoque in arte critica, quam vocant superiorem, aliquid conferre potest, ad determinandum sive genus poeseos, sive ætatem auctoris; cf. Struvius ad Soph. Clytæmnestram prolegom. p. xxvi sqq.; Spohn. de extrema parte Odyss. p. 237 sqq.; Hermann. Dissert. de ætate Argon. p. 697 sqq. Etiam in brevioribus fragmentis interdum indicia præbet bona. Luculentum ejus rei exemplum offert Photius, p. 467, apud Meinekium in Curis criticis, pag. 35. Nonnulla eo pertinentia, quæ Doriensium sunt propria, congessit Bœckh. de metris Pindari, p. 289.

E multis locis, quæ sunt in promptu, quorum scriptura falsa syllabarum mensura, sæpe etiam aliis accedentibus causis, corruptelæ suspicionem movet aut confirmat, unum et alterum attulisse sufficit; sic vocabulum μικρός, quod primam vocalem semper habet longam, ut e Meinekio discendum ad Menandr. p. 29 sqq., nonnulla loca, in quibus cum prima syllaba brevi usurpatum est, vitiata esse arguit, quæ fraudem dabant magnis viris Casaubono et Bentleyo. In Æschyli Agamemnone, v. 131, cum libri præberent ἄτη prima correpta, certatim correxerunt Hermannus, Blomfieldius, Elmsleyus. Quanquam etiam hac in re, ubi res est minus explorata, multi festinantius judicabant, quod accidit Græfio ad Bucol. gr. p. 9., aut plane falsi erant, ut Marklandus ad Euripidis Supplices, v. 813, cum in conjectura sua verbum ἀπύω prima correpta usurparet, castigatus a Porsono in Adversariis p. 240, qui in eundem lapsus est errorem in vocabulo ἐγχελύδιον, l. l. p. 108, cujus antepenultimam esse longam juxta cum aliis ignorabat; cf. Meinekius ad Menandr. p. 160; Hermann. Opusc. t. III, p. 71.

d. Omnes denique callere oportet cognitione et usu syllabarum quantitatis, qui carmina græce scribere aggrediuntur, quod exercitationis genus præcipue in Britannia colitur nec ultimum locum occupat in studiis litterarum græcarum. Peculiari hoc fine Morellius Thesaurum prosodiæ græcæ elaboravit, scilicet ut « carmina græce scribentibus ad metrorum varietatem et verborum copiam subsidia idonea non deessent »; nam præter tractatum metricum, qui in fronte operis positus est, et epitheta et synonyma et usitatas locutiones eundem in locum contulit; quo factum est, ut prosodia in tanto operis volumine non ea ubertate, quam res postulabat, elaborata fuerit.

II. DE ARGUMENTO LABORIS NOSTRI ET LIMITIBUS, INTRA QUOS CONTINEBITUR; DE FONTIBUS ET SUBSIDIIS.

Mensura prosodica cujusque, quoad fieri potest, vocabuli græci, quod in thesauro, qualis adornabitur, sedem occupabit, indicanda est et comprobanda ex his auctoribus et fontibus :

A. E poetis tum antiquis tum recentioribus ad ea usque tempora, quibus et metrica ars plane periit, et syllabarum mensuræ nulla habita est ratio ; tum e lexicographis et grammaticis græcis non satis consultis de ea re ; e veteribus scholiastis et recentioribus interpretibus ; raro e prosodia latina, ut v. c. in vocabulis σάνδυξ, γρύψ, μύτιλος, etc., interdum e regulis prosodicis, si certissimæ sunt, ut v. c. in σταμίν, cujus mensuram rectius Buttmannus Gr. gr., t. I, p. 168**. notat, quam Passow. Lex. sub h. v.; cf. Draco, pag. 83; et πτύρω --, de quo, cum loci poetarum deessent ad cognoscendam quantitatem, Passowius nihil statuebat; ex etymologia et analogia, v. Meinek. Cur. crit. p. 64 de voce Κυδίας. In Homeri Odyss., K, v. 295, ed. Wolf. scriptum legitur ἐπαΐξαι, in quo accentus corrigendus, cum iota verbi ἀΐσσω apud epicos longum sit, ut patet ex ἀϊκή; cf. Thiersch. Grammat. gr. ampl. § 232. 8. Quin etiam conjectura fieri potest e regulis quibusdam grammaticis de vocalium mutatione in dialectis; cf. Buttmann. Grammat. t. I, p. 101, 17, ut de τάμνω, τράφω, ἀμφισβατέω, brevi cum α, etc. Quanquam postrema argumenta, cum sint minus certa, quin interdum fallacia, circumspectius a nobis adhibebuntur : sæpe enim alia est mensura apud Græcos, alia apud Romanos, et regulæ prosodicæ ipsæ, ex usu depromptæ, magis confirmare quod scriptor testatur, quam incerta decernere debent; denique nec in etymologia desunt exempla derivatorum, quæ quantitate sua a radice deviant.

B. E libris prosodicis, in quibus speciatim hæc materia tractata est.

Tam larga hæc est materia atque varia, tam deserta relicta est hæc provincia, ut, ne dicamus absolutum quid et plenum nos præstituros esse, vix eam ubertatem polliceamur, quæ splendori operis, quo diligentia et labore Anglorum adornatum denuo in lucem prodiit, responsura sit. Neque eo profecta est ars critica, ut poetarum reliquias omnes habeamus expurgatas et emaculatas, unde potissimum argumenta nostræ rei petenda sunt. Plurimis hinc difficultatibus via obstructa est ; premit etiam temporis spatium; sed id certe studebimus, quæ ab recentioribus inventa atque indagata sunt, diligenter colligere, cum præceptis veterum grammaticorum conferre, et, si plura et meliora, quam ullo in alio loco congesta sunt, præstare nobis contigerit, viam ita aperire iis, qui post nos eandem materiam uberius tractandam suscipiant. Quod ad rationem attinet, quam in designanda quantitate syllabarum sequendam censemus, si comparetur cum ea, quam Passowius probavit, quædam recipiemus, quæ ille aut plane prætermisit, aut singulis tantum in locis attigit, correptionem dicimus syllabarum natura longarum et productionem natura brevium. Contra a Morellio ab altera parte discedimus, quod, quæ ille in alios usus congessit, vocabula omnia omittenda censemus, quorum mensura e lege universali constat (1). Cum utroque hoc nobis intercedit commune, ut auctoritate scriptorum statuta nostra tueamur, ubi res est ambigua. Sed de his postea. Hæc vero sunt nova, quorum ratio nobis videbatur habenda esse :

a. Correptio in universum vocalis ante duas consonantes, quæ non sunt muta cum liquida, qualis v. c. reperitur in ὑμνεῖν ͜ - ad quod Passow. citat Porsonum ad Eurip. Med. v. 441. — Sed cf. potius Buttm. Gr. gr. t. I, p. 38 **. Hermann. Doct. Metr. p. 47, Elmsl. et Herm. ad Eurip. Bacch. v. 73. Erfurdt. ad Sophocl. Aj. v. 1066, de μίμνει ͜ - Elmsl. ad Eurip. Med. v. 427, de νύμφαι ͜ - Herm. ad Sophocl. Antig. v. 1115, de Ἀγαμέμνων ͜ ͜ ͜ - Porson. Advers. p. 257, et suppl. præf. ad Hecub.

(1) Neque quemquam angustiæ limitum reclamaturum veremur, si hac in re exemplum sequimur, quod Porphyrius apud Villois. Anecd. t. II, p. 118, inter grammaticos tum temporis obtinuisse tradit.

p. 22; aliique de μεμνῆσθαι, ῥάδαμνος, ἐσλός, etc.; porro in nominibus propriis ut Ἰστίαια, Αἰγυπτίους, etc. Quæ quamvis licentia quadam poetæ sibi indulserint, tamen non libris tantum metricis ea de causa reservanda esse putamus, quod nonnulla eorum peculiari quodam modo istis in locis pronuntiata esse suspiceris. Alia etiam notanda est classis vocabulorum, in quibus duæ consonantes, initio vocabuli collocatæ, ultimam syllabam præcedentis contra legem brevem esse sinunt : v. c. Σκάμανδρος, Ζέλεια, σκιά in Hesiod. Oper. v. 591.

b. In hunc numerum venit etiam hoc correptionis genus, ubi muta cum liquida, quæ syllabam præcedentem ex lege producere debebat, brevem esse sinit : quod non solum in partibus melicis Tragœdiarum admissum esse videmus, sed etiam in trimetro : in primis mollis illa et liquida pronuntiatio in vocabulis βλαστάνω, quod apud Sophoclem præcedentem syllabam sexies brevem esse patitur, et γλῶσσα, βλάπτω locum habuisse videtur, sed, quantum observavimus, certis tantum conditionibus ex metro aptis. Cf. Erfurdt. ad Sophocl. Antig., v. 296, ed. minor.; Meinek. præf. ad Menand. p. xxiv ; Herm. ad Eurip. Bacch. v. 1301 ; Elmsl. ad Eurip. Med. v. 288, alii. Siculos in hac re aliquanto plus sibi indulsisse notat Meinek. Cur. crit. p. 8, 9. E contraria parte productio ante mutam cum liquida occurrit, ubi legitima erat correptio, quanquam de hac re nonnulli dubitabant. Cf. Elmsl. ad Eurip. Suppl. v. 296; Erfurdt. ad Soph. Aj. 1109, qui e Tragicis exempla dant, et Maltbyus in Morell. Thesaur. prosod. p. LXXVII sqq. e Comicis.

c. Ubi in vocabulo e lege metrica positio, quam vocant, ambigua est, vocalis anceps quæ præcedit, utrum natura sit longa an brevis, indicanda est. Passowius raris exemplis hoc observavit, ut in μικρός, πικρός, λαβρός. Quoties erraverint hac in re viri docti satis constat. Cf. Meinek. ad Menand. p. 29 sqq.

d. Correptio longæ vocalis aut diphthongi medio in vocabulo, quæ v. c. constans est et legitima ante ι demonstrativum in pronominibus, sæpissime facta est apud omnes poetas in τοιοῦτος, et verbo ποιεῖν et ejus compositis per omnia tempora ; sed raro admissa in voc. παλαιός, γεραιός, πρώην aliisque. Cf. Reisig. Conjectt. Aristoph. præf., p. xxiii.; Bœckh., de metris Pindari, l. c. etc.

e. Synecphonesis in uno eodemque vocabulo, qua in re Passowius singula quædam notavit, ut ἡδυοσμός trisyllabum, Ἐρινύων, aliaque. Cf. Reisig. de usu antistr. p. 34, ad Soph. Œd. Col. v. 1459 ; Herm. et Elmsl. ad Eurip. Bacch., v. 996; Wunder. Adversar. p. 32, 37 ; Thiersch. grammat. gr. ind. v. synizesis; Seidler. de Verss. Dochmm. In postremis, quid sibi indulserint et quousque licentiæ progressi sint veteres poetæ, tanta est dissensio inter viros doctos, ut nihil hucusque ad liquidum perductum sit. Igitur eas lectiones sequendas duximus, quæ a libris et hominum hujus rei peritorum sententia maximam habent auctoritatem.

f. Mensuram litterarum natura ancipitum ante duas consonantes, quæ necessariam positionem efficiunt, explorare, quamvis sit difficilius, tamen quoad fieri poterit, determinabimus, cum multum, quum ad accentum, tum ad verborum formas, quales esse debent, conferat. Cf. Buttm. Gr. gr. t. I, p. 31, sq.; sic de ι in verbis πίπτω et ῥίπτω dixit Herm. ad Eurip. Herc. fur. v. 1371, de ι in ἀΐσσω vide supra. De α in θράσσω, v. Buttm. Lexil. I, p. 211, de υ in ὕζω ὀλολύζω, et similibus Elmsl. ad Eurip. Med. p. 159 ed. Lips. Falsus igitur erat accentus acutus verbi ἐκκεκηρῦχθαι, qualis scriptus exstabat olim in Soph. Antig. loco quodam, quod vitium etiam admisit Porsonus in Hecub. v. 528, 1030 et alibi.

g. Multi sunt, qui ne distinguere quidem sciant, quæ mensuræ syllabarum ex natura vocalium nascantur, quæ accrescant adventitiis causis. Productio metrica, si opponitur mensuræ naturali sive prosodicæ, ita differt ab eâ, ut hæc syllabam metro aut vi arseos, aut cæsura, aut geminanda in pronuntiatione vocali, aut alia de causa, illa vero natura longam habeat. Illius quoque generis exempla nobis non sunt prætermittenda. Eo pertinent productiones in versu heroico sive commoditate sive necessitate metri, sive vi arseos, sive cæsuræ intervallo, sive digamma æolico natæ, aut omnino licentia poetica, et quæ similia apud Atticos occurrunt, ubi mensuram irregularem, quam epici poetæ metri necessitate novaverunt, conservabant. Exempla quædam citabimus : μέγας ◡- apud Quint. Calab. x, 194; δρυός -◡ ap. Hesiod. Oper. et D.; φάεος -ου, Orph. Argon. v. 448; νέκυν ◡-, Hom. Il. XXIII, v. 110, et quater Il. XVII. πάλιν ◡-, Mosch. Europ. v. 159; Idyll. II; ὄφις ◡-, Hesiod. Theog. v. 334; ὅταν ◡- in poem. de Virtut. herb. in Fabr. Bibl. gr. t. II, p. 630. Ἴτυν ◡- in Soph. Electr. sola ictus vi productum, quæ exempla omnia, aliis in locis, et extra versum, mensuram habent contrariam. Sed cum nemo non sciat, quam late apud priscos Epicos hic usus pateat, certa tantum exempla huc advocanda sunt, quorum natura e selectis, quæ citavimus, sponte elucet.

Quæ falsa hoc in genere e corruptis scripturis hausta sunt, notanda atque refutanda. Sic ante Erfurdtium in Soph. Antig. v. 153 πάννυχος longo υ legebatur, νώνυμος vulgo in Orph. Argon. v. 839 et sexcenta alia.

III. De instituto annotationum et partitione.

Attentius consideranti diversorum, quæ enumeravimus, exemplorum species, et naturam totius materiæ prosodicæ, cui locum dabimus in Thesauro nostro, duplicis esse generis patebit. Alterum enim genus continet vocabula omnia, quæ propriam suam et naturalem mensuram stabilem tenent, nec a metro vices patiuntur : in aliis autem (sunt ea, quæ citavimus p. 3, *a*, *b*, *d*, *e*, *f*, *g*.), mensura illa externa lege immutata est. Hæc lex est poetica, alia apud Epicos, alia apud Atticos : conspicitur correptionibus et productionibus metricis. Sed quid sibi in his permiserint antiqui poetæ, valde ambigitur inter viros doctos. Quæ res, cum ita demum illustrari possit, si exemplis plurimis unum in locum congestis, e cunctorum auctoritate de fide singulorum judicetur, placuit in tabulis prosodicis Passowii, quas operi nostro adjungemus, quidquid ejus generis reperimus, colligere et ordine disponere : quo fit, ut multa, quæ in lexico aut minus commodam sedem habitura essent, aut passim in omnes partes dispersa dubiæ fidei viderentur, sic bene se habeant, et mutuo præsidio tueantur.

Veniamus ad alteram, innumeram illam classem vocabulorum. Sunt vero in his, quæ ipsis litteris mensuram suam declarent, alia frequente usu trita, multa etiam, quæ exemplis indigeant, et fusius explicanda sint. Proinde leges statuamus, quibus fere distinguantur. Quod si, recentiorum libros, in quibus res prosodica propriam habet sedem, de ordine instituto consulamus, duo maxime memoratu digni sunt, Thesaurus prosodicus linguæ græcæ, auctore Morellio, auctus et illustratus a Maltbyo, Londini anno 1824 edit. alt. typis excusus; alter

Schneideri lexicon græcum , egregio labore Francisci Passowii instructum.

Morellius, cujus consilium et rationem secutus est Maltbyus, aliud sibi voluit, quam ut institutum ejus aut probare aut improbare hoc loco velimus. Ad nostrum certe propositum non convenit. Quod si examinamus, quam inierit Passowius viam et quas sibi fecerit leges, hoc initio operis consilium ejus fuisse videtur, ut omnia vocabula silentio prætermitteret, quorum mensura e lege aliqua grammatica aut prosodica rite derivari posset, dubiis reservans signa et exempla; sed altero volumine paullatim, quæ nimis restrinxerat initio, ita relaxavit, ut cujus vocabuli mensura nota regula cognosci posset, nudum signum ei appingeret, cetera vero exemplo probaret. Illæ leges metiendi syllabas finales, aut quæ flexione variantur, sex tabulis expositæ sunt prosodicis, supplementi loco lexico annexis. Longius est, et modum speciminis nostri excedit, in tanta græcæ linguæ ubertate et vocabulorum copia, in tam variis formis et diversis legibus, quibus obediunt, singula quæque recensere, quæ aut silentio prætermittenda, aut breviter signo notanda, aut locis citatis comprobanda viderentur. Hanc enim tripartitam divisionem, cum idoneam habeat rationem et Passowii exemplo comprobata sit, quasi fundamentum conservare placuit. Quod in omnis doctrinæ studio fieri videmus, ùt leges et rationes generales investigemus, quibus stabili tanquam fundamento nisi, singula ordinemus, usum explicemus, et lucem inde obscurioribus minusque exploratis admoveamus, hoc tanto magis in re tam varia et multiplici observandum erit, ne memoria incomposita rerum multitudine obruatur. Etenim lege semel discimus quod experientia unoquoque exemplo repetit. Igitur, cum leges quæ regnant in derivatione et flexione vocabulorum, quod ad mensuram temporis attinet, a Passowio ordinate, et, quoad fieri potuit, in difficillima materia, optime expositæ sint, tabulas illas prosodicas fundamenta ponere placuit in metiendis syllabis. Non celamus quidem, multa in iis minus esse certa, quam ut inde conclusio fieri possit de quantitate multorum vocabulorum : sed, cum horum familias et flexiones et alius generis, quas patiuntur, mutationes optime dispositas contineant, et quæque suis legibus assignentur, ita ut omnia legitima singulis locis argumento carere possint, hinc modum definiunt et terminos, quos nobis in hoc labore constituimus. Pertinent hæ regulæ ad vocales ancipites in syllabis finalibus et flexioni obnoxiis et ad usitatissimas derivationes. Igitur, ubi firmæ et stabiles sunt, aut omnis nota omittenda, aut non nisi signa mensuræ apponenda. Sed exceptiones, sive veræ sunt, sive speciem tantum præ se ferunt, aut ubi mensura fluctuat et duplex est, aut diversa apud diversos scriptores : hæc omnia et auctoritate munienda et exemplis illustranda erunt. Præterea hoc modo instituendus est labor noster, ut, exemplo aliorum, rationem habeamus generis poeseos, dialectorum, versuum, diversitatis significationis et ceterarum rerum, quibus mensura variatur; denique et temporis ordo bene observetur, ut quo quisque sit antiquior, eo potior habeatur ejus auctoritas.

PROSPECTUS

DU

TRÉSOR DE LA LANGUE GRECQUE.

NOUVELLE ÉDITION.

I. RAISONS POUR LA RÉIMPRESSION.

Trois raisons principales nous ont engagés aujourd'hui à publier de nouveau le Trésor grec de Henri Estienne.

1° *La rareté et la cherté des deux éditions.*

L'édition donnée par Henri Estienne devient de plus en plus rare, surtout lorsqu'elle est complète, et le prix pour un exemplaire bien conservé se maintient entre 300 et 400 fr. L'édition anglaise, qui coûte plus de 1200 fr. (1), est d'un prix trop élevé pour pouvoir rendre aux lettres le service qu'on devait en attendre. Aussi sa liste de souscripteurs se compose plutôt de personnes riches que de gens de lettres. Cependant, bien que le plan de notre édition soit totalement différent, nous ne nous serions point permis d'établir une concurrence qui eût pu porter préjudice au courageux éditeur d'une telle entreprise, s'il ne nous avait auparavant assuré lui-même que son édition était épuisée. Nous aurions craint de nous attirer les reproches qu'a mérités Scapula.

2° *La supériorité du Trésor sur tous les autres Dictionnaires.*

Si l'on recherche toujours cet admirable Trésor de la langue grecque, c'est qu'il est le seul et unique ouvrage qui comprenne dans sa totalité le matériel d'une langue aussi riche (2). Le Dictionnaire de Scapula, bien qu'infiniment augmenté dans l'édition de Duncan, donnée à Glasgow, 1816, en 2 volumes in-4°, dans celle d'Oxford, 1820, in-fol., et dans celle de Londres, 1820, in-fol., n'est qu'un abrégé de Henri Estienne, abrégé dont ce grand homme s'est plaint avec raison. Le Dictionnaire de Hédérich, même dans les éditions de T. Morell, dernière édition, Londres, 1825, in-4°, et de MM. Pinzger et Passow, Leipzig, 1825, 2 volumes in-8°, laisse encore infiniment à désirer, bien qu'il soit aujourd'hui le seul généralement employé en Angleterre. Le Dictionnaire de Schneider

est un excellent ouvrage sous le rapport de l'explication des termes techniques de l'histoire naturelle et d'autres sciences. Trois éditions successives en ont prouvé l'utilité. Cependant, on lui a justement reproché de n'avoir pas mis assez d'ordre et de méthode dans la déduction des significations des mots, d'avoir négligé les prépositions et les particules, de n'avoir pas suffisamment observé les bornes qu'il s'était tracées, et surtout de n'avoir pas suivi strictement le développement historique de la langue grecque. Pour ces quatre points, l'ouvrage de M. Passow ne laisse presque rien à désirer; de plus, il est le seul qui ait donné une attention suffisante à la quantité prosodique des mots. Le Dictionnaire de M. Riemer, qui est moins l'ouvrage d'un philologue que celui d'un amateur fort instruit, conserve toujours sa valeur par des vues sur l'étymologie souvent neuves et toujours ingénieuses. Nous ne parlerons pas ici des Dictionnaires grecs-allemands de MM. Rost et Reichenbach, ni de l'ouvrage de M. Planche; ce sont des ouvrages utiles, mais destinés moins à l'avancement qu'à la propagation de la philologie. Il est donc reconnu que, comme immense magasin du matériel de la langue grecque, le Trésor de Henri Estienne est encore, et surtout par les riches augmentations des éditeurs anglais, le seul dictionnaire complet; et sans doute il est juste que cette œuvre étonnante d'un philologue français, qui fait encore aujourd'hui l'admiration du monde savant, soit aussi reproduite en France.

3° *L'ordre alphabétique préférable à l'étymologique.*

Afin que l'utilité d'une entreprise pareille soit générale, tout l'ouvrage doit être rédigé par ordre alphabétique. Sans cela, son usage sera toujours très-incommode et très-restreint. Mais puisque, pour établir cette vérité, nous avons des autorités imposantes à combattre (1), il faut que nous nous permettions une excursion assez étendue.

---

(1) Malgré sa cherté, elle a obtenu dès son apparition 1086 souscripteurs.

(2) Le dépouillement de la table des mots nous fournit une nomenclature de plus de 160,000 mots ; le Dictionnaire de l'Académie française n'en contient pas le quart.

(1) Henri Estienne, Valckenaer, MM. Parr, Boissonade et Hermann, cités dans l'avis intitulé : « *Lectori Benevolo* », p. 1, initio. Mais depuis Scapula, auquel on a conservé dans toutes les éditions l'ordre de Henri Estienne, les savants modernes, dans leurs dictionnaires, sont revenus à l'ordre alphabétique, p. ex. Schneider, M. Passow, etc.

A. Objections.

Henri Estienne, en introduisant le premier dans son Trésor l'ordre étymologique des mots, fut, à ce qu'il expose lui-même, guidé par les raisons suivantes (1) :

1° Il devient plus facile, dans l'ordre étymologique, de saisir et la richesse et la flexibilité des formes de la langue grecque, si, à la suite du mot racine, tous les dérivés et composés, rassemblés en un même lieu, forment, et avec leur origine et par la liaison entre eux, un tout bien ordonné.

2° L'élève en est infiniment aidé pour pouvoir saisir les différentes acceptions des mots, après avoir bien étudié quelques familles ; il peut de même, dans une autre famille, après avoir fait le travail analytique en descendant du mot racine par tous ses dérivés, remonter synthétiquement des dérivés et des composés aux radicaux ; et, se formant ainsi une idée du développement successif de la langue grecque, étudier, pour ainsi dire, l'histoire de l'esprit humain, selon qu'il s'est développé et modifié chez les Grecs.

Les objections contre l'ordre alphabétique élevées par Henri Estienne se réduisent à trois :

1° Les mots d'une origine commune sont dispersés à des places si différentes et si éloignées qu'on ne peut presque les retrouver ni les rassembler.

2° Les formes actives des verbes sont souvent séparées par un immense intervalle des formes moyennes et passives.

3° Les mêmes mots doivent être, selon leurs diverses formes, rapportés, à plusieurs reprises, à leurs places alphabétiques respectives. Ainsi, l'on séparerait mal à propos les formes attiques en ττω des formes communes en σσω ; les temps anomaux des verbes irréguliers se trouveraient éloignés de leurs présents, ἀιρέω bien loin de l'aor. 2. εἷλον ; les formes contractées séparées de leurs formes originales non contractées, ναὸς loin de νεὼς, θεωρέω loin de θεωρῶ.

B. Réponse.

Examinons ceci attentivement, et apprécions d'abord les avantages *prétendus* d'un ordre étymologique.

1° Nous ferons observer en premier lieu qu'il est totalement impossible de suivre rigoureusement cette disposition, attendu le grand nombre de mots dont l'origine est perdue, et de ceux dont elle est douteuse. Dans un dictionnaire qui doit plus que tout autre ouvrage présenter du positif, des faits, il est bien permis sans doute de citer des hypothèses étymologiques, mais aucunement de poser ces hypothèses comme des faits fondamentaux, hors de toute contestation. A la vérité, la sagesse de la disposition étymologique du Trésor a été reconnue admirable ; mais toujours est-il vrai qu'on y trouve aujourd'hui une quantité d'étymologies au moins singulières : nous citerons ἄγαν et ἀγαναχτέω regardés comme deux racines, et ἴαχχος rapporté par les Anglais à βάζω. V. Quart. Rev., t. XXII, n° 44, p. 322, où on reproche à H. Estienne les dérivés qu'il place sous ἄω, particulièrement αὖλαξ et ἠώς. Parmi ces dérivés le critique ne trouve de raisonnables que αὖλὸς et αὔρα, mais, en revanche, il cite les mots

αἴξ, αἴσσω, ἀηδὼν, ἀείρω, comme devant *sans aucun doute* se rapporter au primitif ἄω. Le même critique remarque avec raison que les dérivés de ΛΑΩ et ceux de ἌΚΩ, thèmes inusités, sont séparés mal à propos. Si M. Hermann (1), tout en approuvant Henri Estienne, le blâme d'avoir séparé τήχειν et τέγγειν, nous approuvons, au contraire, cette modération du grand lexicographe. L'ordre étymologique manque d'un principe scientifique général ; sans ce principe, nul système ; sans système, nulle science lexicographique, mais des fragments dont la déduction, par dérivés et composés, est trop souvent sujette à contestation. Nous croyons donc devoir observer, en recourant à l'opinion d'un grand critique hollandais (2), que si l'on voulait publier aujourd'hui un Trésor de la langue grecque par ordre étymologique, il faudrait, en abandonnant H. Estienne, le reconstruire tout différemment. Toutefois, qui nous certifierait que d'ici à quelques années, par les progrès journaliers de la philologie comparée, par la connaissance de jour en jour plus approfondie du Sanscrit et du Zend, ce nouvel édifice ne vînt à être sapé dans ses bases ?

2° Mais dût-on nous objecter que la certitude sur un nombre égal de mots l'emporte sur l'incertitude, nous demanderons encore s'il est vraiment possible de saisir, dans un ouvrage de la dimension du Trésor, les familles des mots dans la filiation des significations des dérivés et des composés ; et personne n'osera l'affirmer (3). C'est plutôt dans des grammaires un peu complètes au chapitre de la dérivation des mots que l'élève en devra étudier et la théorie et l'application ; jamais il ne le ferait dans un immense ouvrage tel que le Trésor. Cependant, afin de ne rien laisser à perdre, même sur ce point, du travail de H. Estienne, travail prodigieux qui lui causa tant de peine, ainsi qu'il le dit lui-même (4), et de ne faire que ce qui semble nécessaire, nous ajouterons, à la fin de notre nouvelle édition, la table étymologique des mots selon l'ordre présenté par H. Estienne et suivi par les éditeurs anglais. Nous osons même promettre que les savants trouveront plus de recherches étymologiques dans notre édition que dans celle des Anglais ; nous en exposerons plus loin les raisons.

Quant aux *objections* faites à l'ordre alphabétique par H. Estienne, elles ne s'appliquent absolument qu'aux ouvrages antérieurs à son travail, et surtout aux anciens Glossaires. Nous avons déjà dit que les mots dispersés alphabétiquement seront réunis étymologiquement dans une grande table que nous placerons à la fin de l'ouvrage ; et il n'est pas besoin de dire que nous ne séparerons pas les for-

---

(1) Henr. Stephani ad Lectorem Epistola, p. XXII ; Hermanni Opusc., t. II, p. 221.

(1) Opusc., t. II, p. l. V. aussi pour l'ordre alphabétique Fabricii Exc., p. XXXIX. Quanquam vero, etc.

(2) « Existimandum minime est, in isto Thesauro singulis vocabulis derivatis suam adsignari originem, singula verba derivata ad suam radicem et priscum fundum reduci. Neutiquam. Hac in parte millies peccavit Stephanus ; hac in parte Thesaurus iste amplissimus scatet erroribus. » L. C. Valckenaer, Observationes academicæ... Obs. XXIV, p. 32. Trajecti, 1808.

(3) Pour parvenir à ce but, nous avons aujourd'hui d'abord des grammaires où le chapitre de la formation des mots présente le résumé analytique et synthétique de ce que l'on nomme Analogie de la langue grecque ; nous rappellerons seulement les §§ 132 à 141 de la grande grammaire grecque de M. Thiersch. Nous avons de plus de petits lexiques étymologiques très-bien faits, tels que celui de M. Lutz, Berne, 1816, celui de Niz, Berlin, 1821, et surtout l'excellent ouvrage de M. Rost, Gotha, 1825.

(4) Epistola ad Lectorem, p. XXII, « Ut autem » sqq.

mes actives des verbes de leurs formes passives, ni les formes attiques de leurs formes communes, ni les temps [anomaux de leurs présents; ni Schneider, ni M. Passow, ni M. Planche ne l'ont fait; et s'il faut, pour ces formes irrégulières, des places séparées, un renvoi nous suffira ; ainsi νεώς sera expliqué sous ναός, comme εἷλον sous αἱρέω. Dire que nous suivrons ici scrupuleusement l'exemple de M. Passow, c'est, nous osons le penser, donner une garantie suffisante aux savants.

Enfin de l'ordre alphabétique il résultera l'immense avantage de ne pas perdre de temps par la double peine de chercher deux fois le même mot, d'abord dans le volume des tables et ensuite dans le corps de l'ouvrage où ce mot est souvent rapporté à plusieurs places, et quelquefois d'une manière inexacte. Presque tous les savants nous ont fréquemment témoigné leurs regrets de ne pouvoir se servir du Trésor de Henri Estienne pour leurs lectures habituelles, à cause de cet inconvénient.

II. OPINION SUR LES PIÈCES AJOUTÉES.

Après avoir exposé les motifs qui nous ont fait préférer l'ordre alphabétique, nous présenterons notre opinion sur les pièces soit préliminaires, soit ajoutées à la fin de l'ouvrage.

A. Pièces préliminaires.

Voici la note des *pièces préliminaires* à conserver, avec les numéros par lesquels les éditeurs anglais les ont désignées.

I et II. Les deux titres en *fac-simile*.

III. Henrici Stephani admonitio de Thesauri sui Epitome, quæ titulum Lexici græci novi præfert, p. iv.

IV. Epistola dedicatoria et epigrammata duo de Thesauro gr., p. v.

V. Catalogus auctorum græcorum e quorum scriptis vocabula et loquendi genera, eorum item unde expositiones vocabulorum aut loquendi generum petitæ sunt in hoc Thesauro græcæ linguæ, p. vi.

IX. Henrici Stephani ad lectorem Epistola, seu Præfatio in suum Thesaurum linguæ gr., p. xxi.

X. H. Stephani Epistola a. 1569 edita, qua ad multas multorum amicorum respondet, de suæ typographiæ statu, nominatimque de suo Thesauro linguæ gr., p. xxix. Nous pensons que ce morceau curieux doit être inséré en entier d'après Maittaire, Stephanorum Historia, p. 304-341.

XI. Excerpta ex J. A. Fabricii Bibliotheca gr., vol. vi, p. 651-668, ed. Harles, p. xxxvi, auxquels nous ajouterons l'observation faite par M. Firmin Didot père, sur les prétendues deux impressions du Trésor grec, p. 220 de ses Observations sur Robert et H. Estienne. Nous croyons même utile de reproduire en entier la Vie de H. Estienne, donnée à Londres, en 1709, par Mich. Maittaire et communiquée par extraits sous le n° XII, p. xliv, dans l'édition anglaise; nous l'augmenterons des Observations citées de M. Firmin Didot. Il serait à desirer qu'on pût y joindre un portrait de H. Estienne et le fac-simile de son écriture grecque et latine, aussi bien que de sa signature grecque et française. Le n° X étant inséré dans la *Vita*, nous fera un morceau de moins.

Mais il faut retrancher d'abord les n^os suivants :

N° VI, p. viii, Scipionis Carteromachi Pistoriensis Oratio de laudibus litterarum græcarum;

VII, p. xiv. M. Antonii Antimachi de litterarum græcarum laudibus Oratio;

VIII, p. xv. Ex Conradi Heresbachii Oratione in commendationem græcarum litterarum excerpta.

A la vérité Henri Estienne avait inséré ces trois morceaux comme préliminaires de son Trésor; mais nous ne les trouvons plus assez importants de nos jours pour être reproduits.

Il est clair que, comme au temps de la première édition du Trésor grec les bons livres de littérature ancienne étaient moins répandus, H. Estienne dut profiter de l'occasion qui s'offrait pour faire connaître quelques traités séparés, alors rares et utiles. Si nous voulions agir de même aujourd'hui, nous pourrions donner un catalogue vingt fois aussi considérable de pièces et de dissertations très-dignes d'être insérées dans une collection de morceaux relatifs à la langue grecque; mais cette collection ne serait plus alors un dictionnaire. Elle pourra être l'objet d'une publication postérieure, mais indépendante du Dictionnaire.

Le n° XIII, p. xlvii, De verbis græcorum mediis L. Kusteri, S. Clarkii, J. Clerici et E. Schmidii Commentationes, a Wollio, qui suam adjecit, recensitæ, una cum Dresigii et Bowyeri notis, est sans doute un fort bon ouvrage; mais ce sont ses résultats, et non l'ouvrage en entier, qui doivent se trouver dans un dictionnaire.

Il en est de même de : Ogerius, de linguæ græcæ affinitate cum hebraica, n° XIV, p. cx, qui nous a de plus paru rempli d'étymologies forcées et insoutenables. Autant presque aurait valu réimprimer le Homerus ἑβραΐζων de Zacharias Bogan.

Le n° XV, p. cxviii, J. A. Ernesti, de vestigiis linguæ hebraicæ in lingua græca, devra être retranché aussi, parce que les Opuscula de ce célèbre philologue se trouvent à peu près partout.

Vient ensuite le n° XVI, ou Lexicon vocum peregrinarum in scriptoribus gr. obviarum. Il se compose des traités suivants :

1. Excerpta e Chr. D. Beckii Dissertat., de Lexicis gr. et lat. omnino et recentissimis singulatim, p. cxxii, pris du premier volume des Acta Seminarii philol. Lipsiens., 1811. C'est une critique raisonnée des ouvrages lexicographiques qui ont expliqué des mots étrangers conservés dans les auteurs grecs, en commençant par Christ. Scholtz, et en finissant à la Dissertation de M. H. Planck, sur la Grécité du Nouveau Testament.

2. J. E. Jablonskii Disquisitio de lingua lycaonica, ad locum Actorum, c. xiv, v. 11, p. cxxv.

3. F. G. Sturz de dialecto macedonica et alexandrina liber, p. cliii.

4. Jablonskii - Glossarium vocum ægyptiarum, avec la préface et les augmentations de Te Water, p. cxcix.

5. L. C. Valckenaer Dissertatio de vocabulo βᾶρις, p. cccxxii, prise du T. I de ses Opuscula.

6. Spicilegium vocum paucarum, recte aut secus pro ægyptiacis habitarum; post Jablonskium, Te Waterum et Sturzium collegerunt Thesauri Stephaniani editores (anglici), p. cccxxv.

7. Addenda et corrigenda, p. ccclxxii, contenant surtout le morceau de Zosime de Panopolis, de

zythorum (cerevisiarum) confectione, d'après l'édition de Gruner, Sulzbach, 1814.

8. J. G. Dahler Lexicon vocum peregrinarum in gr. auctoribus, glossographis maxime, obviarum, p. ccclxxv, qui se compose de :

a. Præfamen.

b. Tabula generalis ad Lex. voc. pereg. in scr. g. obv.

c. Tabulæ speciales, in quibus vocabula peregrina disponuntur secundum ordinem gentium a quibus in sermonem græcum recepta sunt. Sous l'article *Athenienses*, par exemple, on trouve les mots réputés d'origine étrangère usités à Athènes.

9. Vocab. a Dahlero prætermissa, p. cccclxxxvii. Dans cette partie se trouvent compris, entre autres, tous les mots ou étrangers ou singuliers insérés par H. Estienne dans l'Index de son édition; et dans la réimpression anglaise, ces mots ne sont plus insérés dans le corps de l'ouvrage à la place pour laquelle H. Estienne les avait destinés.

Il résulte de cette énumération que, l'ouvrage de M. Dahler et les suppléments y relatifs exceptés, on trouve dans la collection de ces morceaux plutôt les matériaux presque complets pour faire un lexique des mots étrangers conservés par les auteurs grecs que ce lexique même, qui reste encore une chose à faire aux nouveaux éditeurs. Nous ajouterons que les Anglais avouent n'avoir pas eu sous les yeux les dissertations ou ouvrages de J. G. Hauptmann, Programma de laconica dialecto; G. Lancillotto Castello, Princ. di Torremuzza, Prolegomena ad nov. collectionem inscriptionum Siciliæ; Ign. Rossi, Etymologiæ Ægyptiacæ; B. Aldrete, del origen y principio de la lengua Castellana ò Romance que oy se usa en España; et qu'ils n'ont pas réimprimé: Hadr. Reland, Dissertatio de veteri lingua Indica, et de reliquiis veteris linguæ Persicæ, ni le Lexicon Tarentinum a Jo. Juvene conscriptum.

On pourrait faire ce Lexicon vocum peregrinarum de deux manières : ou bien on prendrait, d'après l'idée de M. Hermann (Opusc., T. II, p. 225), pour base les Tabulæ speciales de M. Dahler, en ajoutant soit *in extenso* les passages des différents ouvrages où ces mots rendus géographiquement à leurs pays respectifs sont expliqués, soit en ne citant que le passage sans le copier; et on ferait de ce Lexique une partie séparée du Trésor grec; ou bien, ce qui nous paraît préférable, nous remettrions à leurs places alphabétiques respectives, comme H. Estienne l'aurait fait, tous ces mots dans la suite du Trésor, en y annexant, soit *in extenso*, soit en citations, les explications données par les savants, et alors les Tabulæ speciales de M. Dahler serviraient d'index que nous reproduirions à la fin de l'ouvrage pour faciliter le coup - d'œil de tous les mots que telle ou telle partie de la Grèce ou des pays étrangers ont pu fournir à la langue grecque. C'est pour cette dernière manière que M. Hermann, l. c., paraît s'être décidé , et c'est ce parti aussi que nous adopterons. Déja Platon, dans le Cratyle, page 426, ed. Steph., t. 2, part. 2, p. 90, éd. d'I. Bekker, avoue lui-même que d'ordinaire, lorsque, par la vétusté d'un mot, on ne pouvait plus suffisamment expliquer son étymologie, on le qualifiait de barbare (ou etranger), vu que les Barbares étaient plus anciens que les Grecs, ἀρχαιότεροι ἡμῶν. S'il en était ainsi du temps de Platon, combien devons - nous craindre davan-

tage d'aller beaucoup trop loin dans la recherche des origines étrangères! Ajoutons à ceci que tôt ou tard des sources nouvelles nous pourront faire découvrir l'origine étrangère de mots que l'on a crus véritablement grecs jusqu'à ce jour; et observons que de cette manière nous éviterons l'inconvénient que les Anglais souvent n'ont pu éviter, de faire deux articles sur le même mot, l'un dans le Dictionnaire des mots étrangers, et l'autre dans le corps du Trésor même. En insérant au contraire ces mots à la place alphabétique qui leur est due selon l'idée de H. Estienne, et en citant, soit textuellement, soit en abrégé, les savants hellénistes-orientalistes modernes, nous ne nous rendrons pas garants de leurs explications. Il nous semble même assez peu nécessaire de faire réimprimer ces explications *in extenso*, vu que, par la grande richesse du domaine de la philologie classique et de la philologie orientale, les savants réunissent rarement aujourd'hui une connaissance approfondie des deux branches, et que les Gaulmin, les Estienne, sont devenus fort rares. Un orientaliste, en faisant usage de notre édition du Trésor, s'il y trouve un mot oriental, saura, guidé par la seule citation des noms et des pages, recourir aux ouvrages mêmes; et ordinairement un helléniste se contentera d'adopter l'opinion du savant cité, ou de se rappeler l'étymologie comme un fait historique. A cet égard nous sommes heureux de pouvoir annoncer que M. Étienne Quatremère, membre de l'Institut de France, et l'un des orientalistes les plus distingués, par la profondeur et l'étendue de ses connaissances philologiques, a bien voulu nous offrir ses précieux secours pour tous les cas où se présenteraient des difficultés insurmontables pour nous.

Nous avons cru aussi, maintenant que les nombreux rapports qui existent entre le Sanscrit, le Zend et la langue grecque sont suffisamment démontrés, faire plaisir aux savants qui s'occupent de philologie comparée, en ajoutant les racines Sanscrites et Zend pour tous les mots dont la ressemblance parfaite avec le grec est incontestable. M. Eug. Burnouf, professeur de grammaire générale et comparée à l'École préparatoire, dont les savants travaux ont mérité l'approbation de tous les orientalistes, a bien voulu se charger de cette tâche. Il exposera , dans une dissertation particulière, les principes qu'il a suivis.

Avant d'en venir au corps du Trésor, nous avons à donner la notice des pièces ajoutées à la suite de l'ouvrage par les éditeurs anglais. Ces pièces formant cinq cahiers, ou le 9ᵉ volume, portent le titre collectif de: C. Labbæi Glossaria græco-latina et latino-græca; nova editio auctior. On y trouve: 1. Cyrilli, Philoxeni, aliorumque veterum græco-latina Glossaria; les mêmes, latino-græca; de plus, des Excerpta d'autres glossaires; puis les Castigationes et Emendationes in utrumque Glossarium, qui se continuent jusqu'à la page 381.

2. Bonaventuræ Vulcanii Notæ et Castigationes in Glossaria utriusque linguæ, p. 391.

3. Colloquia vetera gr. lat., p. 423.

4. Colloquia scholastica, p. 426.

5. Excerpta e Verw1ii præfatione ad novam viam docendi græca, p. 429.

6. Niciarii interrogationes et responsiones,
7. Carfilidis eædem,
8. Responsa sapientum, } p. 432.

9, Præcepta in Delphis ab Apolline scripta, p. 433.

*10. Collectio vocum quæ pro diversa significatione accentum diversum accipiunt, p. 433. Nous distinguons ce morceau pour y revenir ensuite.

11. Veteres glossæ verborum juris, p. 441, avec préfaces et notes.

12. Hadriani Sententiæ, p. 489.

13. Hadriani ejusd. Sent. et Epistolæ ad vetus jus spectantes, e Dosithei libro tertio, cum notis Goldasti, p. 491.

*14. Verborum quorumdam Themata quæ sunt anomala, vel poetica... p. 501, qui se prolongent jusqu'à la page 626 de la partie 4e. Nous distinguons encore ce morceau.

15. E scriptis Joannis grammatici (Philoponi, V. Schoell, Litt. gr., T. VI, p. 299 et 300) de dialectis linguæ græcæ, p. 629. L'ouvrage existe déja imprimé en grec dans le dictionnaire des Aldes. Venise, 1524.

16. De dialectis a (Gregorio) Corintho decerptis, p. 639.

17. E Plutarcho excerpta de dialectis.

18. Ex eodem......... de tropis.

19. Ex eodem......... de schematis, p. 668.

20. De passionibus dictionum e Tryphone grammatico, gr. lat., p. 670.

21. Tryphonis grammatici Opuscula quædam ex edit. Blomfieldi, gr., p. 674.

22. Excerpta e Fabricii Bibliotheca gr., relatifs à Grégoire de Corinthe et surtout à Tryphon, p. 988.

23. Herodiani de notis numerorum Tractatus, p. 690.

24. Galenus et alii de Mensuris et Ponderibus, p. 698.

25. De Mensibus, et partibus eorumdem, p. 708.

26. Ammonius, de similibus et differentibus Vocabulis libellus. Réimpression de l'édition de Valckenaer, aussi bien que de la totalité de ses Animadversiones; avec Eranius Philo; Lesbonax; Anonymus de Solœcismis, et le Lexicon de Spiritibus, donnés par le même savant, p. 717.

27. Τάξις παλαιὰ καὶ ὀνομασίαι τῶν ἀρχόντων, que nous ne savons rapporter à aucun auteur, Henri Estienne n'en indiquant point, p. 939.

28. Ὀρβικίου περὶ τῶν περὶ τὸ ϛράτευμα τάξεων, p. 945.

*29. Enfin, p. 1935 à 1024, le célèbre ouvrage : Henr. Stephani de atticæ linguæ seu dialecti idiomatis Commentarius. Il se compose de notes détaillées sur Jean le Grammairien et le Traité de Grégoire de Corinthe, et enfin, depuis la p. 1026, de l'Appendix ad aliorum scripta de dialecto attica.

Comme les résultats lexicographiques de tous ces morceaux ont été reçus et refondus par les éditeurs anglais dans le corps même du Trésor, nous croyons que les reproduire de nouveau serait tout-à-fait inutile; nous les retrancherons donc, sauf à les réimprimer séparément, ainsi que quelques autres traités non moins importants, p. ex. G. Hermann, de particula ἄν, t. VIII, p. 11185 — 11252. Quant aux trois articles désignés ci-dessus par un astérisque, voici les motifs qui nous ont décidés à admettre le n° 17 et à hésiter encore sur l'adoption des deux autres.

Le n° 10, ou la Collection des mots qui, en différant par leurs accents, diffèrent aussi par leurs significations. M. Schoell (Litt. gr., T. VI, p. 299 et 300),

en revendiquant, comme H. Estienne, ce morceau à Jean Philopon, dit le Grammairien, assure que l'édition donnée par Érasme Schmid, à Wittemberg, 1615, in-8° ou in-12, est beaucoup plus complète. Les Anglais, bien qu'ils citent cette édition postérieure, n'ont cependant, d'après notre collation, reproduit que le texte de Henri Estienne.

Il est vrai, toutefois, que cet opuscule, incomplet d'ailleurs et rempli de distinctions arbitraires, trouverait mieux sa place dans un ouvrage spécial détaillé sur les accents grecs; cependant, nous ne connaissons aucun ouvrage où il ait été reproduit. Nous en avons sous les yeux une édition séparée donnée à Leyde, 1751, de 32 pages in-8°. L'éditeur ne s'est pas nommé; mais par la préface, qui occupe 4 pages, on voit que c'était un homme savant et judicieux. Comme, de plus, ce traité fournit quelques noms propres, il pourrait être utile pour une table de ces noms.

Quant au n° 14, qui contient une table alphabétique explicative des verbes irréguliers, il est vrai de dire que de nos jours la connaissance de ces formes est si généralement répandue, même chez les écoliers, par de bonnes grammaires, que les éditeurs modernes de dictionnaires ont cru devoir l'omettre ordinairement. M. Passow, par exemple, a préféré expliquer brièvement ces formes anomales à leurs places alphabétiques et renvoyer en même temps les lecteurs au présent du verbe, en quoi nous avons promis de l'imiter. Cependant, il faut dire que c'est une table pareille qui fait toujours rechercher le mauvais Dictionnaire de Schrevelius, et nous savons par notre propre expérience que, soit par distraction, soit par oubli, nous avons été et nous sommes encore quelquefois bien aises de recourir à la table des *Themata* du Scapula, qui est celle de Henri Estienne. Nous pensons donc que réimprimer cette table sera, sinon nécessaire, du moins utile à un grand nombre de lecteurs. Une considération scientifique pourrait encore recommander cette table, c'est qu'elle présenterait par ordre alphabétique toutes les irrégularités des verbes, et pourrait servir d'une sorte de supplément à la table étymologique.

Le n° 29, ou le Commentaire sur le dialecte attique de Henri Estienne, est reconnu comme un admirable ouvrage, et M. Hermann, nommément, en fait le plus grand cas. Sa rareté jusqu'à ce jour l'a mis hors de la portée de presque tous les érudits. Il serait donc utile de le reproduire, et pour cela, il faudrait ajouter la traduction latine donnée, par H. Estienne, de Jean le Grammairien, aussi bien que de Grégoire de Corinthe, et peut-être devrait-on ajouter le texte grec des deux ouvrages. Mais nous ne voyons pas que cette édition doive faire partie d'un dictionnaire, quelque utile qu'elle fût d'ailleurs. Il vaudra mieux sans doute en faire l'objet d'une publication séparée.

En résumé, voici notre opinion sur les pièces ajoutées au Trésor, soit par l'auteur, soit par les éditeurs récents.

1. Il faut conserver toutes les pièces *préliminaires* qui ont rapport à l'histoire littéraire de l'ouvrage, savoir : les n°s 1, 2, 3, 4, 5, 9 et 11, en y ajoutant la vie de Henri Estienne par Mich. Maittaire, corrigée et augmentée.

2. Les mots étrangers seront rangés à leurs places alphabétiques; mais une table les remettra sous les yeux des lecteurs à la fin de l'ouvrage.

3. La seule des pièces ajoutées à la fin du Trésor,

qui soit utile à garder, est le n° 17, que nous croyons devoir reproduire de même à la fin de notre travail.

Notre publication cependant commencera directement avec l'A de H. Estienne. Les pièces préliminaires paraîtront plus tard, et nous nous réserverons le temps nécessaire pour rédiger notre préface, dont ce Prospectus peut tenir lieu en attendant.

III. OPINION SUR LA RÉDACTION DU TRÉSOR.

Nous arrivons à la troisième partie de nos observations, et nous allons exposer notre opinion sur la manière de reproduire de nouveau le Trésor grec d'après l'édition anglaise.

Des nombreuses critiques que l'édition anglaise a essuyées nous avons surtout tiré parti de celle de M. Hermann, de celle du Quarterly Review, t. 22, et de celle du Journal d'Iéna (1).

Le seul éloge que ces critiques accordent sans restriction à la nouvelle entreprise est celui de l'immense richesse des additions et du travail et des soins laborieux des nouveaux éditeurs. M. F. A. Ebert, dans son excellent Dictionnaire bibliographique, T. Ier, p. 553, 1821, observe que les éditeurs montrent une application de fer, mais que l'édition pèche par la disposition. Il est vrai cependant que ce reproche de la trop grande richesse ne s'applique guère qu'à la seule lettre A, qui, sur 629 colonnes de l'ancienne édition, occupe chez les Anglais le nombre rond de 2500 colonnes, chargées de notes souvent fort longues, imprimées en caractères très-menus ; le mot ἄγαλμα, par exemple, s'étend de la colonne 181 jusqu'à la colonne 326, et, parmi ces 145 pages, plusieurs sont surchargées de notes énormes. Mais, à partir de la lettre B, ces

(1) Voici la note des pièces relatives à l'édition anglaise du Trésor, et dont nous nous sommes servis :

1°. *Classical Journal*, London, 1811 ; vol. 4, n° 8, p. 443-445, présentant un plan succinct pour la nouvelle publication, rédigé par un savant de mérite.

2°. *Classical Journal*, London, 1818 ; vol. 18, n° 35, p. 169-192. *God. Hermanni Censura in novam editionem Stephaniani Thesauri græci*, insérée depuis dans les *Opuscula* de ce savant, vol. 2, p. 217-251, *Lipsiæ*, 1827, in-8°. Les éditeurs anglais répondirent à cette critique dans le *Classical Journal*, t. 18, n° 36, p. 381-390, et dans le t. 19, n° 37, p. 103-114.

3°. En Angleterre, la nouvelle édition fut critiquée dans le *Quarterly Review*, t. 22, n° 44, 1820, p. 302-348. MM. Valpy et Barker répondirent tous deux à cette critique, qu'ils attribuèrent à M. *Blomfield*.

a. M. *Valpy* fit paraître à la tête de la partie X de son édition : *a Reply to the Quarterly Reviewer of Stephens' Greek Thesaurus;* inséré aussi dans le *Classical Journal*, t. 22, n° 43, p. 225-240.

b. M. *Barker* publia : *Aristarchus Anti-Blomfieldianus, or a Reply to the Notice of the New Greek Thesaurus, inserted in the 44th Number of the Quart. Rev. Part the first.* London, 1820. Le *Quarterly Review* répondit à M. Barker dans son t. 24, n° 48, 1821, pag. 376-400. M. Valpy répliqua encore dans le *Classical Journal*, tom. 23, n° 46, et cette réponse, tirée à part, fut jointe à un des cahiers de la nouvelle édition. Un ami des éditeurs les avait déja défendus contre le *Quarterly Review*, n° 44, dans le *Classical Journal*, t. 21, n° 41, p. 91-101. Les éditeurs anglais, à la tête de leur 8e cahier, après avoir exposé le plan qu'ils suivraient dorénavant, insérèrent, p. 3 et 4, des extraits de lettres qui leur avaient été adressées tant d'Angleterre que par des savants allemands et français.

4°. En dernier lieu vint la Gazette littéraire d'Iéna (*Jenaische allgem. Litter. Zeitung*), qui dans le cahier du mois de décembre 1822, n° 223-228, donna une critique savante et détaillée, signée du nom de *Novalis*, que l'on nous a dit être M. *Hülsemann*.

Nous n'avons pu découvrir d'autres critiques dans les journaux littéraires allemands que l'on reçoit à Paris.

notes disparaissent, et les éditeurs, dans le reste de l'ouvrage, d'après leur propre aveu, ont restreint et modifié l'immense étendue de la première conception ; il est même indubitable que si la lettre A devait être refaite par les Anglais, ils la rédigeraient comme toutes les autres sur une moins vaste échelle.

A. *Observations sur la forme à donner à l'ouvrage.*

Il y a deux observations préliminaires à faire :

I. Henri Estienne avait donné deux espèces de suppléments, d'abord des Addenda pour le Tome Ier, comprenant des mots et des articles entiers omis dans la suite des lettres Γ à I ; puis il ajouta une quantité de suppléments dans son Index alphabétique. Les éditeurs anglais, au lieu de reproduire tous ces suppléments à la place à laquelle H. Estienne sans doute les avait destinés, c'est-à-dire, au lieu de les insérer dans le corps de l'ouvrage, chose qu'ils avaient promis de faire, les ont répartis de 4 manières différentes :

1° Les Addenda du T. Ier se trouvent à la fin de l'ouvrage, cah. 37, col. 11,005 de l'édition anglaise, insérés et imprimés tout comme dans l'édition originale, sans qu'on puisse concevoir quel motif a pu empêcher les éditeurs anglais de ranger à leur place les mots que H. Estienne, préoccupé d'un si vaste travail, avait totalement omis, tels que les mots γόνυ, γιγνώσκω, etc., et tous ceux que dans le cours de l'impression il put découvrir dans ses lectures continuelles ou que lui fournissaient de savants amis.

2° Les mots étrangers ajoutés dans l'Index, aussi bien que ceux qui se trouvaient déja dans le corps de l'ouvrage, en ont été ôtés et transportés dans le Lexicon vocum peregrinarum, comme nous l'avons remarqué ci-dessus.

3° Les autres mots supplémentaires de l'Index ont été pour la plupart insérés dans le corps de l'ouvrage de la nouvelle édition.

4° Cependant plusieurs de ces mots ont été reportés ou plutôt laissés par les éditeurs anglais dans leur Index alphabétique.

Il résulte de cette disposition une confusion que Henri Estienne ne pouvait sans doute éviter dans le cours de son immense travail, mais il y a eu plus que de la superstition pour sa mémoire à reproduire ce désordre. Nous reporterons donc à leurs places toutes ces additions. Mais il faudra, par des signes particuliers, faire mieux ressortir aux yeux du lecteur tous ces suppléments, comme il faudra distinguer aussi nos additions de celles de l'édition de Londres. Nous ne mettrons des astérisques aux mots non encore reçus par H. Estienne, que lorsqu'ils se présenteront à leur place alphabétique.

II. Au haut des pages, il ne suffit pas de rapporter comme indicateurs les trois premières lettres d'un mot, ce qui fait perdre un temps immense dans l'édition anglaise, mais si ce mot occupe toute la page, il faut l'imprimer en entier.

B. *Du contenu de l'ouvrage même.*

La lexicographie est une science sans bornes ; de nouvelles découvertes, soit d'auteurs inédits, soit d'inscriptions inconnues, peuvent étendre sans cesse le domaine de la langue grecque *ancienne*, et la masse des livres devient de jour en jour si immense qu'il peut en rester d'inconnus aux plus savants philologues. On ne sera donc pas étonné si nous assurons pouvoir faire des *additions* à l'édition anglaise, et c'est d'abord de ces additions que nous allons parler.

Le devoir des nouveaux éditeurs est surtout de rendre ce livre le plus utile possible, de lui donner, outre la forme alphabétique, une rédaction sage, conforme au besoin des gens de lettres, enfin de placer l'ouvrage à la hauteur de la philologie classique de nos jours. Nous osons donc annoncer que, s'il est indispensable de faire des coupures et des retranchements dans les additions des nouveaux éditeurs, nous laisserons religieusement intact tout le travail de Henri Estienne. Dans le cas seulement où quelque erreur aurait été généralement reconnue, nous en avertirions dans une note succincte. Nous parlerons en second lieu des retranchements que nous avons jugés nécessaires.

A. Additions proposées par les nouveaux éditeurs français.

Ces additions seront :

1. Les signes prosodiques de quantité, d'après les ouvrages de M. Maltby et de MM. Spitzner et Passow, d'après les livres de métrique modernes et les nouvelles récensions métriques des poètes grecs. Cette partie est spécialement réservée à M. Fix, élève de M. Hermann. Il sera bon aussi de reproduire en latin les tables sur la mesure prosodique de la langue grecque que M. Passow vient d'ajouter à la seconde édition de son Dictionnaire grec-allemand. Toutefois, M. Fix n'ose pas promettre que son travail sera complet, vu la difficulté du sujet. Un Prospectus spécial expose les principes qu'il a suivis.

2. L'indication des lettres, syllabes ou mots confondus par les copistes; ainsi nous pourrons donner presque les éléments d'une paléographie grecque. Ce sera principalement des ouvrages de Bast, Porson et Elmsley, et de ceux de MM. Boissonade et Schæfer, que nous recueillerons nos matériaux et nos citations.

3. Les étymologies complètes de chaque mot, chose dont l'ordre étymologique dispensait presque partout les éditeurs anglais. Si le thème est usité, nous emploierons des capitales droites; s'il n'est plus d'usage, des capitales penchées. L'ordre alphabétique d'une part, et de l'autre ces brièves indications étymologiques, pourront ainsi remplacer les quatre sortes de caractères grecs employés autrefois par H. Estienne. V. Quart. Rev., t. 22, p. 336.

4. L'observation de la rencontre fréquente de telle ou telle voyelle, ou de tel ou tel son que les Grecs recherchaient surtout pour flatter l'oreille. C'est dans les commentaires de P. L. Courier sur Longus, Lucius et Xénophon, que nous prendrons nos citations. V., par exemple, sur le concours du son οι, la note sur l'Ane de Lucius, p. 182; sur la répétition du δ, ad Long. ed. Paris, p. 20 et ad Luc., p. 279; sur l'hiatus de l'η, Luc., p. 182, 212, Long., p. 190, 199; sur la répétition d'ἀλλά, Long., p. 168, Luc., p. 188, 269; de ἅμα, Xen., p. 89; ro4; sur l'hiatus du son ει, Luc., p. 182; d'εἰ οἱ, Xen., p. 74, etc., etc.

5. Les mots omis par les Anglais. Quelques ouvrages postérieurs à la publication du Trésor, les nouvelles inscriptions expliquées d'une manière si sa-

vante par M. Letronne, le Corpus inscriptionum græcarum de M. Böckh, les Papyrus grecs publiés depuis peu, les scholiastes et plusieurs auteurs peu consultés ordinairement, nous fourniront ces mots.

6. Les formes altérées, qui par de fausses leçons se sont conservées dans les Mss et de là ont passé tant dans les éditions que dans les dictionnaires, par exemple, εὔφηβος pour ἔφηβος, J. Pollux X, 164; σμικρίνης n. appell. pour Σμικρίνης, nom prop., Meineke ad Menandr., p. 64; et une quantité de formes barbares dans Eschyle. V. Passow, Zweck gr. Wœrterb., p. 9, 37.

7. Les formes grammaticales régulières qui, bien que déja citées, n'ont pas pour appui un nombre de passages suffisant, telles que ἤγγελην, Aor. 2 ind. pass.; v. Passow ad Parthenium, p. 70; ἔπεσα, v. Burges et Seidler ad Eurip. Troad., v. 305 (298); Lobeck ad Phrynich., p. 724; Meineke ad Menandr., p. 414; interpr. ad Eurip. Alcest., v. 477; διώξω pour διώξομαι, chez les Attiques; v. Xenoph. Anab. 1, 4, 8, c. not. Krüger. et Cyrop. 6, 3, 13, cum annot. Dindorf. et Poppon.; Reisig Comm. crit., p. 251. Il faudra exposer pourquoi ces formes sont douteuses, et énumérer le plus complètement possible la totalité des formations grammaticales de chaque mot.

8. Les significations et constructions de mots ou omises ou non assez clairement expliquées, tel que le sens de βακχεῖος et βάκχιος, d'après Hermann ad Eurip. Bacchas, v. 130, pag. 22 seqq.; de πέρα et πέραν, Hermann ad Soph. OEd. Col., v. 889; les constructions d'ὠφελέω c. gen. Hermann ad OEd. Col., v. 437; de θέμις εἶναι indecl., Reisig et Hermann ad OEd. Col., v. 1191, p. 237-239; d'ἐπισκοτέω c. dat., Meineke ad Menandr., p. 170. Ces remarques cachées et enfouies le plus souvent dans des citations, devront naturellement être énoncées et indiquées substantiellement, sinon littéralement.

9. Les observations concernant la position grammaticale ou rhétorique de tel ou tel mot dans l'ordre de la phrase, comme, par exemple, la différence qui résulte des différentes positions de l'article ὁ, ἡ, τὸ, etc. V. Hermann ad Soph. Ajac., v. 1007.

10. Les citations d'ouvrages importants dans leurs résultats lexicographiques, dont les Anglais ne nous paraissent pas avoir tiré tout le parti possible, ou qui n'ont paru que depuis leur publication; par exemple, les Commentaires de M. Coray sur Xénocrate et autres, ceux de Reisig et de M. Hermann sur Sophocle, de M. Böckh sur Pindare; les ouvrages de M. Letronne; les nouvelles éditions des Grammaires grecques-allemandes de MM. Rost, Buttmann, Thiersch, Matthiæ; le dépouillement des commentaires de MM. Meineke, Elmsley, Baguet, Bake, Peerlkamp, etc.; enfin, les observations que nos propres études nous ont fournies.

11. Nous ajouterons la traduction latine aux mots, que les Anglais se sont dispensés de traduire, parce que l'ordre étymologique leur semblait rendre cette peine superflue.

12. Nous remettrons à leur place toutes les observations relatives à des mots expliqués en passant, en les replaçant au mot qu'elles sont destinées à expliquer; par exemple, ce que les éditeurs anglais ont dit sur ἄγαν à l'article d'ἀγανακτέω, sur καταλύω à διαλύω, sur ἀνάπυστος sous ἀνάγγελτος, v. Her-

mann, Cens. p. 237, et Quart. Rev., t. 22, p. 343 et 344.
Le mot βρέτας aura son article, et les ἀγάλματα des
dieux, s'il faut les conserver, seront rangés dans un
ordre géographique et alphabétique d'après les noms
des pays, ou dans un ordre mythologique et alphabétique d'après les noms des dieux auxquels ils furent
consacrés.

13. Nous vérifierons et nous rectifierons, autant
qu'il sera possible, les citations, ayant eu lieu de re-
marquer souvent des erreurs inséparables d'un aussi
grand travail. Nous conserverons la citation par pages
lorsqu'il s'agira des notes d'un savant; mais lorsqu'il
s'agira d'un passage d'un prosateur, nous citerons par
livres et chapitres toutes les fois que ces distinctions
se trouvent déja dans le texte de l'auteur. Quant aux
poètes, nous citerons d'abord, comme les Anglais, le
vers selon le texte reçu, mais nous ajouterons en
parenthèse le vers de la plus nouvelle recension critique. Si les Anglais avaient pu ou voulu vérifier les
citations que leur communiquèrent les savants, ils au-
raient mérité la reconnaissance des lecteurs. Malheu-
reusement sous ce rapport tout nous reste encore à
faire; cependant nous espérons pouvoir presque en
totalité réussir dans le long et fastidieux travail dont
au premier abord les difficultés nous avaient paru
insurmontables, puisqu'il fallait tâcher de se procurer
tant de livres, qui depuis long-temps avaient disparu
du commerce, et particulièrement divers ouvrages
de critique, imprimés pour la plupart à un petit
nombre d'exemplaires dans les pays étrangers, et en
outre la série complète des éditions, qui dans les suppléments fournis aux éditeurs anglais par les divers
savants, sont citées sans aucune exacte indication,
et suivant la bibliothèque qui se trouvait à la portée
de chacun d'eux. Voy. Quart. Rev., t. 24, p. 390.

Pour arriver à ce but, les nouveaux éditeurs, ayant
réuni à la bibliothèque de M. Didot celle de M. de Sin-
ner, ont fait venir d'Angleterre et d'Allemagne tous
les ouvrages dont ils ont reconnu l'indispensable né-
cessité; et ne pouvant obtenir de toutes les bibliothè-
ques publiques de Paris, la permission de garder trop
long-temps certains ouvrages ou rares ou trop souvent
demandés, ils ont fait reporter la pagination de ces
éditions sur les marges de celles qu'ils possédaient.
De cette manière, ils sont parvenus, pour quelques
auteurs, à réunir en un petit nombre d'éditions, la
plupart de celles qui leur manquent.

Nous profitons de cette occasion pour témoigner
notre vive reconnaissance à MM. Van-Praet, Saint-
Martin et Feuillet.

B. Retranchements.

Nous arrivons enfin aux retranchements et omis-
sions que nous jugeons nécessaires, pour que l'ouvrage
soit à la fois commode et au niveau de l'état actuel
de la science philologique.

1. Nous retrancherons les interpolations par lesquelles les Anglais quelquefois ont voulu prouver leur
exactitude littéraire. Une insertion fort inutile a
été remarquée par M. Hermann, page 227; elle se
trouve au mot ἀβακίσκος; une autre a été censurée par
le Quart. Rev., t. 22, p. 333, et nous-mêmes nous en
avons trouvé un nombre si considérable, que l'espace

nous manque pour les indiquer. Les interpolations
dans les paroles de H. Estienne doivent se borner à
citer plus exactement les passages par pages, ou vers
ou livres et chapitres, ce qui, par exemple, n'a pas toujours eu lieu pour Homère, Hérodote, Thucydide,
Isocrate, Aristophane, Démosthènes, Aristote, Lucien
et l'Anthologie.

2. Nous retrancherons trois espèces de règles grammaticales citées.

a. Les règles évidemment reconnues comme fausses
par les grammairiens modernes. Ainsi, au sujet de l'ἄν
potentiel avec l'optatif, nous lisons d'abord, col. 1985,
des exemples où l'optatif n'est point accompagné de
cet ἄν qui lui donne une forme potentielle; et cependant, col. 1986, nous retrouvons reproduite en entier la règle donnée par Brunck ad Eurip. Phœn.,
v. 1211, que l'optatif potentiel doit toujours avoir
avec soi ἄν; règle qui, si elle était vraie, ferait corri-
ger tous les passages cités col. 1985. Mais nous connaissons aujourd'hui sur cet ἄν potentiel et sur l'optatif potentiel sans ἄν une règle plus juste et plus
vraie, établie par M. Reisig, de Particula ἄν, p. 133,
adoptée depuis et développée par M. Hermann, ad
Soph. Antig., v. 601, p. 125, sec. éd. Les notes données
sur la Médée d'Euripide, par Elmsley et Hermann, ont
établi de même des règles certaines sur l'emploi de
πρὶν ἤ, de πρὶν ἄν, et de πρὶν et de sa construction.
Copier textuellement des notes reconnues aujourd'hui
fausses nous paraît inutile; elles n'ont plus qu'une im-
portance historique, et la seule indication par pages
suffit.

b. Nous omettrons les règles citées uniquement pour
expliquer une forme rapportée en passant comme ac-
cessoire : ce sera seulement à l'article en question
que cette règle se trouvera rapportée.

c. On évitera les répétitions inutiles de règles, comme celle sur les diminutifs formés en διον
et ιδιον, rapportée tout au long sous ἀγγείδιον, col.
349, et sous ἀγορὰ, col. 521.

3. Nous retrancherons les notes inutiles. Expli-
quons-nous, en disant d'abord quelles sont les notes
dont nous jugeons nécessaire de garder le mot à mot :

a. Les citations tirées d'ouvrages à la fois rares et
importants.

b. Toutes les citations prises textuellement des anciens grammairiens et lexicographes grecs : nous
croyons qu'un Trésor de la langue grecque doit les
conserver en totalité. Nous ferons constamment usage
des dictionnaires sur la Bible de Suicer, Biel, Schleus-
ner, MM. Bretschneider et Wahl. Les Anglais ont
tantôt transporté en entier, et tantôt négligé à tort, les
articles de ces trois premiers ouvrages. V. Quart. Rev.,
p. 336-337. Quant aux deux derniers, ils ont paru
postérieurement à leur travail.

c. Les citations qui expliquent quelque difficulté,
confirment ou certifient quelque locution ou construction douteuse.

d. Les citations contenant une opinion spéciale
émise par un grand philologue, qui ordinairement,
par la concision de son énonciation, ne prendra que
peu d'espace. V. Hermann Cens., p. 236.

D'après cela, nous regardons comme notes à ré
duire ou à retrancher :

a. Les notes inutiles pour la question à traiter,
telle que, col. 445, la note sur le caractère moral

de Henri Estienne, qui se trouve insérée aussi dans le Classical Journal. V. Quart. Rev., p. 338, etc.

b. Il faudra également retrancher tous les mots grecs que les nouveaux éditeurs ont insérés, sans pouvoir les appuyer par une citation quelconque, dans le seul but de compléter la filiation étymologique.

c. Une partie des notes simplement copiées d'ouvrages généralement répandus. Toutefois, nous aurons soin de renvoyer à ces ouvrages mêmes. Voyez Gazette litt. d'Iéna, p. 346, 347.

d. Les conjectures inutiles relatives à des mots expliqués seulement en passant, comme, d'après M. Hermann, p. 240, la dissertation de M. Barker sur un vers d'Epinicus rapporté par Athénée, reproduite col. 48 et col. 100. V. Quart. Rev., p. 327.

e. Les accumulations entièrement inutiles d'exemples, comme, col. 55, après ἁϐρύνω, καλλύνω et a. V. Quart. Rev., p. 327, 344.

f. La citation textuelle de passages d'auteurs anciens, qui ne sont rapportés que pour prouver quelque chose en passant.

4. D'après l'exemple de M. Passow, nous abrégerons beaucoup les titres des ouvrages cités; une table des auteurs mis à contribution, ajoutée à la fin de l'ouvrage, pourra être le supplément nécessaire à ces abréviations, dans lesquelles d'ailleurs nous observerons la plus stricte uniformité. V. Quart. Rev., p. 336, 342.

5. Pour les changements qu'il y aura à faire, dans la disposition des articles ajoutés par les Anglais, tout en profitant de nos propres lumières, nous consulterons consciencieusement les critiques dont leur travail a été l'objet, ainsi que les observations relatives à leur édition qui se trouvent éparses dans les commentaires de philologues modernes.

IV. TABLES A AJOUTER.

Il ne nous reste plus qu'à exposer, dans notre quatrième et dernière partie de ce programme, les *Index* ou Tables que nous croyons nécessaires.

Selon ce que nous avons exposé, nous donnerons :

1. La Table étymologique grecque des mots tels qu'ils ont été rangés par Henri Estienne dans le corps du Dictionnaire. Nous conserverons de cette manière le plan de l'édifice étymologique si péniblement construit par H. Estienne.

2. La Table des *Themata verborum*.

3. Les Tables prosodiques de M. Passow sur les désinences et les syllabes de flexion des mots, traduites de l'allemand.

4. La Table des auteurs et des ouvrages cités.

Nous terminerons ce Prospectus en priant MM. les Savants nationaux et étrangers de vouloir bien nous assister de leurs lumières et de leurs conseils dans cette grande entreprise : nous recevrons avec reconnaissance les observations qu'ils voudront bien nous adresser.

L'ouvrage entier se composera de 28 livraisons, pet. in-fol. à 2 colonnes, même format que les éditions de Henri Estienne et de Londres. Il sera imprimé sur papier vélin et collé. La première livraison paraîtra le 1er avril prochain, et à partir de cette époque on publiera régulièrement de 6 à 8 livraisons par an.

PRIX DE CHAQUE LIVRAISON............. 12 fr.

L'ouvrage entier ne coûtera que 336 fr.

Je souscris pour   exemplaire de la nouvelle édition du
Trésor de la Langue Grecque de HENRI ESTIENNE, publiée par
MM. Firmin Didot, formant 6 vol. in-f°, divisés en 28 livraisons, au
prix de 12 fr. la livraison.

Paris, ce

Paris, rue

Je souscris pour   exemplaire de la nouvelle édition du
Trésor de la Langue Grecque de HENRI ESTIENNE, publiée par
MM. Firmin Didot, formant 6 vol. in-f°, divisés en 28 livraisons, au
prix de 12 fr. la livraison.

Paris, ce

Paris, rue

Je souscris pour   exemplaire de la nouvelle édition du
Trésor de la Langue Grecque de HENRI ESTIENNE, publiée par
MM. Firmin Didot, formant 6 vol. in-f°, divisés en 28 livraisons, au
prix de 12 fr. la livraison.

Paris, ce

Paris, rue

Je souscris pour   exemplaire de la nouvelle édition du
Trésor de la Langue Grecque de HENRI ESTIENNE, publiée par
MM. Firmin Didot, formant 6 vol. in-f°, divisés en 28 livraisons, au
prix de 12 fr. la livraison.

Paris, ce

Paris, rue